ALLIANCE FRANÇAISE

ASSOCIATION NATIONALE

Reconnue d'utilité publique

POUR LA PROPAGATION DE LA LANGUE FRANÇAISE

DANS LES COLONIES ET A L'ÉTRANGER

COMITÉ DE TOURS

L'ALLIANCE FRANÇAISE EN 1894.

LA LANGUE FRANÇAISE DANS NOS COLONIES ET A L'ÉTRANGER

SIÈGE DU COMITÉ
PALAIS DU COMMERCE
TOURS

ALLIANCE FRANÇAISE

Présidents d'honneur

Février (le général), Grand Chancelier de la Légion d'honneur;
M. **Simon** (Jules), Sénateur, Membre de l'Académie française et de l'Académie des Sciences morales et politiques.

Membres d'honneur

MM. **Besnard** (vice-amiral); **Brazza** (Savorgnan de); **Cambon** (Paul); **Cernuschi** (Henri); **Delcassé**; **R. P. Didon**; **Dietz-Monnin**; **Freycinet** (de); **Galliéni** (Colonel); **Gréard**; **Hanotaux**; **Hébrard** (Adrien); **Jourde**; **Lavisse**; **Lefèvre-Pontalis** (Antonin); **Levasseur**; **Liard**; **Lockroy**; **Maspéro**; **Niox** (Général); **Paris** (Gaston); **Pasteur**; **Reinach** (J.); **Ribot**; **Rousse**; **Say** (Léon); **Spuller**; **Thomson**; **Vignes** (vice-amiral); **Vogüé** (Marquis de); **Vogüé** (Vicomte de); **Zeller** (Jules).

Bureau du Conseil d'Administration à Paris

Président. — M. le Général **Parmentier**.

Vice-Présidents. — MM. le baron d'**Avril**, Ministre plénipotentiaire;
  Bardoux, Sénateur, ancien Ministre de l'Instruction publique;
  Le Myre de Vilers, Député;
  Maspéro, Membre de l'Institut, Professeur au Collège de France.

Secrétaire général. — M. **Foncin** (Pierre), Inspecteur général de l'Instruction publique.

Délégué central au Secrétariat. — M. **Muteau**, ancien Officier du commissariat de la Marine.

Secrétaire général adjoint. — M. **Puaux**, Secrétaire de la Société historique.

Trésorier général. — M. **Colin** (Armand), Éditeur.

Contrôleur. — M. **David-Mennet**, Manufacturier.

Archiviste. — M. l'**Abbé Duchesne**, Membre de l'Institut, Maître de Conférences à l'École des Hautes-Études.

SECTION DE TOURS

COMITÉ DE PATRONAGE

Présidents d'honneur

S. E. Mgr le Cardinal **Meignan**, Archevêque de Tours ;
MM. **Drouin**, Préfet d'Indre-et-Loire ;
    Peytraud, Inspecteur d'Académie d'Indre-et-Loire ;
    Pic-Pâris, Maire de Tours ;
    Brault, Président de la Chambre de commerce de Tours.

Membres d'honneur

MM. **Boutroue**, ancien Chargé de mission du Gouvernement français ;
    Carré, ancien Bâtonnier de l'Ordre des Avocats ;
    Chauvigné, Secrétaire perpétuel de la Société d'Agriculture ;
    J. **Drake**, Député, Président de la Société des Amis des Arts ;
    Dupin de Saint-André, Président du consistoire d'Orléans ;
    Faure, Ingénieur en chef des Ponts et Chaussées ;
    Lesourd, ancien Président de la Chambre et du Tribunal de commerce.

Bureau

Président : M. **Maurice**, Président du Tribunal civil.
Vice-Présidents : MM. **Bruzon**, ancien Président du Tribunal de commerce ;
    Colonel **Cosson**, Conseiller municipal ;
    Guibé, Proviseur du Lycée ;
    Saintin, vice-Président de la Chambre de commerce.
Secrétaire : M. **Sourdillon**, Délégué de l'Alliance française.
Secrétaire adjoint : M. Paul **Lesourd** fils, Avocat.
Trésorier : M. **Aubry**, Percepteur.

Membres du Comité

MM. le commandant **Bronner**, Délégué de l'*Union des femmes de France* pour le IXe corps d'armée ;
    Carré, Juge au Tribunal de commerce ;
    Dagallier, Procureur de la République ;
    Demonté, ancien Juge au Tribunal de commerce ;
    Dumas, Professeur au Lycée ;
    Germain, Banquier ;
    Houssard, Avocat, Conseiller général ;
    Javary, Inspecteur de l'Enseignement primaire ;
    Moras, Conseiller de Préfecture ;
    Arthur **Rouger**, Avocat ;
    Testoin, Homme de lettres ;
    Dr **Triaire**, Délégué de la Société française de Secours aux blessés pour le IXe corps d'armée ;
    Dr **Wolff**, vice-Président de la Société de Géographie.

L'ALLIANCE FRANÇAISE EN 1894

LA LANGUE FRANÇAISE DANS NOS COLONIES ET A L'ÉTRANGER

*Rapport présenté à l'Assemblée générale de la section de Tours (janvier 1895)
par M. SOURDILLON, secrétaire du Comité.*

MESSIEURS,

Le groupe tourangeau de l'Alliance française a accompli depuis deux mois la première année de son existence. Je vous demande la permission de jeter devant vous un coup d'œil sur cette première phase de sa vie. Peut-être vous paraîtra-t-il, à vous comme à moi, qu'après avoir surmonté les difficultés du début, il s'est fait sa place, — une place honorable, — parmi les sociétés sœurs du département d'Indre-et-Loire, et qu'il est entré dans une période de développement régulier.

L'accroissement du nombre de nos adhérents n'a certes pas suivi la progression que j'avais eu le plaisir de constater devant vous dans notre première Assemblée générale ; mais notre phalange a cependant quelque peu grandi. Nous étions 159 au 1er janvier 1894 ; au 1er janvier 1895, notre effectif a atteint, tout en tenant compte des vides faits dans nos rangs par décès, départs ou démissions, le chiffre de 165 sociétaires. Quelques adhésions nouvelles recueillies ces jours-ci ont porté ce chiffre à 171.

Parmi ces adhésions, il en est une que je tiens à vous signaler spécialement : c'est celle de la ville de Tours. A la suite d'une demande que j'ai eu l'honneur d'adresser à M. le Maire en décembre dernier, le Conseil municipal, sur le rapport de notre collègue, M. Letellier, a bien voulu nous voter une subvention annuelle de 50 francs. Vous vous joindrez à moi, j'en suis sûr, Messieurs, pour exprimer à M. le Maire, qui a introduit notre demande, au rapporteur qui a su si bien plaider notre cause, et au Conseil municipal tout entier nos plus vifs remerciements pour le précieux témoignage de sympathie qu'ils ont donné à l'Alliance française.

L'accroissement du nombre de nos adhérents a eu naturellement pour corollaire une augmentation de nos recettes. Elles avaient atteint en 1893 la somme de 768 francs. Elles se sont élevées en 1894 à 1,008 francs et nous avons pu envoyer au Conseil d'administration 600 francs au lieu de 500 francs l'année précédente, tout en gardant par devers nous un reliquat de 155 francs destiné à faire face aux besoins immédiats du Comité que vous aurez à nommer tout à l'heure.

Certes, Messieurs, une progression aussi modeste, et du nombre de nos adhérents et de nos ressources, ne constitue pas, dans une grande ville comme Tours, un résultat dont nous ayons à nous enorgueillir outre mesure. Mais, a dit je ne sais plus quel moraliste, il n'y a que les sots qui dédaignent les petits succès. Je me garderai bien de négliger cette occasion de me montrer spirituel en constatant avec satisfaction les progrès accomplis, et je vous convierai à vous en réjouir avec moi.

Malgré l'amélioration de nos recettes, nous avons dû, pour ne pas détourner de leur destination une trop forte part de nos fonds, nous restreindre dans nos manifestations publiques. Nous n'avons eu, depuis notre Assemblée générale du 30 novembre 1893, que deux conférences : celle de M. Maurice Wahl, sur l'Algérie, au Cirque de la Touraine, en décembre 1893, et celle de M. Desdevises du Dezert, sur l'entente franco-russe, conférence réservée à nos seuls adhérents, en avril 1894. Du moins, vous vous souvenez peut-être de l'éclat de ces deux séances et de leur remarquable succès. — En les organisant, votre Comité a prouvé qu'il avait à cœur à la fois de propager dans le public les idées chères à l'Alliance et de maintenir la cohésion du groupe de ses adhérents par l'attrait de quelques fêtes intellectuelles. Nul doute que notre nouveau Comité ne persévère dans cette voie.

Parmi les faits qui ont manifesté la vitalité de l'Alliance française en Indre-et-Loire, je vous demanderai la permission de signaler à votre attention l'apparition d'un livre intéressant, l'*Égypte* ou le *Pays des Coptes*, dans lequel l'auteur, notre confrère, M. Testoin, a consacré de longs et intéresvants développements à l'action de l'Alliance en Orient et particulièrement en Égypte. Il a fait ainsi œuvre de propagande excellente. Je tiens à lui adresser ici nos publics remerciements.

Pour en finir avec les actes importants du Comité de Tours, il me reste seulement à vous informer que, dans sa dernière réunion, le Comité a conféré à M. Peytraud, inspecteur d'académie, à Tours, le titre de président d'honneur. Nous espérons tous que M. Peytraud, qui déjà, dans d'autres départements, a donné la preuve de son dévouement à l'Alliance, voudra bien prêter à notre Comité son bienveillant concours, concours précieux s'il en est, et nous lui en adressons par avance tous nos remerciements.

Messieurs, les fatalités de la vie veulent qu'à côté des événements favorables dont je viens de vous entretenir, j'aie aussi, hélas ! à remplir une tâche plus douloureuse, celle de vous rappeler la perte de quelques-uns de nos meilleurs confrères. M. le Président a déjà consacré au souvenir de M. Palustre des paroles émues, auxquelles nous nous sommes tous associés. Je ne voudrais pas revenir sur ce qu'il a si bien dit, mais vous pardonnerez peut-être à celui des membres du Comité que ses fonctions rendaient le collaborateur immédiat de notre cher Président d'adresser encore à cet homme de cœur et d'intelligence une parole d'adieu. C'est une bonne fortune inappréciable, — et qu'en tous cas le Conseil d'administration appréciait fort, — que de l'avoir eu à notre tête pendant les mois difficiles des débuts. Sa courte présidence a certainement contribué à présenter à Tours notre Association sous son véritable caractère, celui d'une société patriotique aux idées larges, ouverte à tous ceux qui aiment leur pays, sans distinction d'opinion et de croyance, et dans laquelle tous, tant que nous sommes, nous ne nous réclamons que d'un titre, celui de bons Français.

Au nom de M. Palustre, il me faut ajouter encore sur cette liste funèbre, heureusement courte, le nom de deux autres adhérents fidèles : M. Bidault, négociant à Tours, emporté brusquement en pleine vie, et M. George, ancien inspecteur d'Académie à Tours, qui a succombé au mois d'août dernier après de longues et cruelles souffrances. M. George avait pour notre œuvre la sympathie la plus vive, mais la maladie terrible qui l'étreignait l'a empêché de nous prêter le concours actif qu'il avait bien voulu nous promettre. Au nom de la section de Tours tout entière, je salue la mémoire de cet homme de bien d'un souvenir respectueux.

Le groupe de Tours a fait d'autres pertes encore, heureusement moins douloureuses, celles de quelques-uns de nos confrères que leurs fonctions ont appelés à d'autres résidences. Le délégué de l'Alliance française ne saurait, sans ingratitude, omettre le nom de l'un d'entre eux, M. Chollet. Notre confrère avait travaillé avec ardeur au recrutement de nos premiers adhérents. Il n'en a pas tenu moins d'une vingtaine sur les fonts baptismaux de la section de Tours. Nous portons envie au groupe de Lyon, qui va recueillir désormais le bénéfice de son activité.

Messieurs, l'action isolée du groupe tourangeau de l'Alliance, dont le budget n'a guère dépassé un millier de francs, se trouve fatalement assez limitée et n'offre par suite qu'un intérêt tout relatif. Peut-être ne trouverez-vous pas hors de propos que j'élargisse un peu le champ de cet exposé, afin de vous montrer où en est à peu près l'Alliance française elle-même dans la grande tâche qu'elle a assumée.

Le Conseil d'administration, dirigé par M. le général Parmentier, son Président, et par M. Foncin, son Secrétaire général, a continué à montrer une activité extraordinaire. A son instigation, une foule de conférenciers, — j'allais dire d'apôtres, — ont porté la bonne parole dans tous les centres importants du pays pour répandre les idées de l'Alliance, susciter la formation de Comités, et, en multipliant les ressources, accroître les moyens d'action de la Société. Aussi les résultats de cette propagande infatigable sont-ils fort remarquables. A la fin de 1894, on ne comptait pas moins, dans toute la France, de 102 Comités régulièrement constitués, sans parler de 70 délégués chargés d'assister les Comités et, là où il n'en existe pas, d'en préparer la formation. Et quelle armée nous formons ! L'Alliance, qui a douze ans d'existence à peine, comptait l'an passé 27,000 adhérents ; — au début de cette année, M. Léon Say, dans la belle conférence qu'il faisait ces jours derniers à la Sorbonne, accusait le chiffre respectable de 30,000 adhérents ! Peut-il y avoir, Messieurs, une preuve plus palpable de la vitalité de l'Alliance que ce chiffre éloquent ?...

Au-delà de nos frontières, l'Alliance avait fondé, à la fin de 1893, dans les pays étrangers, — sans parler de nos colonies, — 63 Comités d'action, d'une autonomie financière à peu près complète, essaim de petites Alliances émanées de la grande, qui, animées toutes du même esprit, toutes plus ardentes à la tâche les unes que les autres, parce qu'elles sont, en quelque sorte, en plein champ de bataille, travaillent à la propagation de notre langue et de notre influence dans le monde.

Les ressources de l'Alliance française s'accroissent naturellement tous les jours. Grâce à des dons et legs, — tels que le legs Giffard de 100.000 francs, — elle possédait à la fin de 1893 (je n'ai pas de chiffres plus récents) un capital réservé de plus de 125.000 francs, dont les intérêts, montant à près de 5.000 francs, grossissent d'autant les recettes annuelles. A la même date, les recettes ordinaires montaient à 127.000 francs, les dépenses à 100.000. A ces chiffres il convient d'ajouter le budget des Comités de l'étranger et des colonies, dont le total approche de 100.000 francs. C'est donc une somme de 200.000 francs, en chiffres ronds, que l'Alliance consacre annuellement à la diffusion de notre langue.

A quels usages sont employées les ressources de l'Association? Le *Bulletin de l'Alliance* nous renseigne à cet égard avec précision. Il nous fait connaître, en quelque sorte au jour le jour, les subventions en espèces, en livres, en fournitures classiques, que le Comité distribue aux écoles, aux bibliothèques, aux cercles français ou amis de la France. Le dernier de ces bulletins, en particulier, renferme une liste des plus suggestives et qui constitue, à mon avis, un admirable instrument de propagande; celle des écoles ou bibliothèques subventionnées. Je viens d'en faire le compte : il s'élève exactement à 296 !...

Ce sont là des résultats dont nous avons lieu, sans doute, de nous féliciter ; mais, si on y regarde de près, combien ce que fait l'Alliance est peu à côté de ce qu'il lui reste à faire, et que pèsent nos 200.000 francs à côté des millions dont disposent des sociétés similaires étrangères, telles que les Missions anglo-américaines ? En réalité, tout est à créer dans nos colonies au point de vue de l'enseignement du français, — et à l'Étranger nous risquons fort de succomber dans le grand conflit des langues si nous ne nous décidons pas à tenter un énergique effort.

Messieurs, le dernier *Bulletin de l'Alliance* (n° 52) contient, sur la situation de l'enseignement du français dans nos colonies, un document des plus importants et véritablement affligeant. Il émane d'un des hommes qui connaissent le mieux la question, puisqu'il est de M. Foncin lui-même. Lisez-le, Messieurs, si vous ne l'avez déjà fait, et vous verrez, pour ne parler que de notre domaine colonial, combien l'intervention de l'Alliance répond à un impérieux besoin.

La situation est déplorable partout: il n'y a guère d'exception que pour une seule de nos colonies, la plus modeste de toutes, Saint-Pierre-et-Miquelon. Dans ce petit groupe de 6.000 colons, il n'y a guère d'enfants qui n'aillent à l'école, et plus d'un de nos cantons pourrait à bon droit ambitionner un niveau d'instruction aussi élevé que celui de cette poignée de Français perdus dans les brumes de Terre-Neuve. Ce qui est remarquable surtout, c'est que cette active population, prenant en quelque sorte l'offensive pour la propagation de sa langue, s'efforce d'attirer à Saint-Pierre les jeunes Américains qui désirent se perfectionner dans la connaissance du français. Honneur à cette intelligente initiative !

Mais Saint-Pierre-et-Miquelon ne constitue qu'une heureuse exception à la règle. Dans toutes nos autres colonies, que de tristes constatations !...

Aux Antilles, on parle le français, mais un français informe, véritable patois, — et les deux tiers de la population enfantine restent illettrés. Même proportion à la Guyane.

Dans nos colonies de l'Afrique occidentale, l'organisation de l'enseignement est à peine ébauchée. Au Sénégal, en dehors des quatre villes de Saint-Louis, Gorée, Dakar et Rufisque, pas une seule école, et, sur 166.000 enfants en âge d'être instruits, 2.000 seulement reçoivent quelque instruction. Au Soudan, dans la Guinée française, dans nos établissements de la Côte d'Ivoire et du Golfe de Bénin, quelques rares écoles ont été ouvertes avec le concours de l'Alliance, au Soudan par nos officiers, ailleurs par des missionnaires ; mais aucune tentative d'organisation rationnelle et régulière. Au Congo français, M. Dybowski a révélé un fait des plus fâcheux. Le français y est à peine parlé, et partout l'anglais est employé dans les négociations commerciales ; des missionnaires anglais viennent avec succès enseigner leur langue en plein territoire français. N'est-ce pas là un fait humiliant pour notre amour-propre national?

Dans nos colonies du bassin de l'Océan Indien, situation tout aussi triste.

A Madagascar, que nous considérons depuis longtemps comme une partie du patrimoine national, dont nous sommes censés diriger les relations extérieures, les écoles françaises ont à lutter contre la concurrence des écoles officielles des Hovas, qui sont toutes aux mains de missionnaires protestants anglais, et celles-ci ont sur les nôtres une prépondérance écrasante. Écoutez, Messieurs, cette comparaison déplorable : Tandis que le Gouvernement français dépense à Madagascar 150.000 francs pour nos écoles, les Anglais consacrent à cette œuvre dix fois plus, 1.500.000 *francs!* Étonnons-nous, maintenant, des sympathies des Hovas pour les Anglais !

A la Réunion, l'une de nos plus vieilles colonies, il n'y a guère que 12.000 enfants, sur 28.000, qui reçoivent une instruction élémentaire : fait regrettable, car la Réunion est comme le centre de rayonnement de l'influence française au sud-est de l'Afrique.

Notre tour du monde à travers les colonies françaises se terminera aussi tristement qu'il a commencé.

Dans nos établissements de l'Inde, sur 61.000 enfants de 5 à 14 ans, 13.000 vont à l'école; 48.000, soit les trois quarts, ne reçoivent aucune instruction... et pourtant, veuillez le remarquer, Messieurs, ces Hindous ignorants, devenus majeurs, seront électeurs comme nous, et nommeront des députés!

Dans l'Indo-Chine, c'est pis encore. Au Cambodge, sur une population de 300.000 enfants, on n'en compte guère que 300 dans les écoles publiques, 2.000 dans les écoles congréganistes, soit 2.300 enfants qui reçoivent un semblant d'instruction française. En Cochinchine, dans une colonie qui nous appartient cependant depuis plus de 30 ans, 4.500 sur 300.000! Au Tonkin, sur 3.000.000 et demi d'enfants, l'effectif des écoles françaises ne compte que 1.600 élèves, soit un élève à peu près sur 220 enfants !... Récapitulons. Dans cette magnifique colonie d'Indo-Chine, sur laquelle nous fondons, et avec raison, de si belles espérances, sur une population totale de 1.500.000 Cambodgiens et de 23 millions d'Annamites, — race éminemment éducable pourtant, — 8.500 enfants sur 5.000.000 à peu près apprennent dans quelques écoles, fort mal organisées, un français des plus rudimentaires.

Dans nos colonies du Pacifique et à la Nouvelle-Calédonie, la situation est, en général, un peu moins mauvaise : la moitié à peu près de la population enfantine étudie le français dans les écoles élémentaires.

Ce coup d'œil rapide sur nos colonies ne vous paraît-il pas affligeant, Messieurs ? Pour ma part, je ne puis songer sans quelque effroi au danger, au danger permanent que feront nécessairement courir à notre domination ces enfants devenus hommes, qui ne sauront rien de la France, sinon qu'elle les gouverne sans les associer à sa civilisation, et qui resteront rebelles à notre influence, puisque notre langue, ce véhicule de nos idées, ne les aura pas pénétrés.

Si l'enseignement du français laisse à désirer dans nos colonies, notre langue, du moins, est-elle en progrès dans les pays étrangers ? Hélas ! sur ce domaine encore, on ne peut se défendre d'un certain pessimisme. Tandis que l'anglais a dans le monde une clientèle qu'on peut évaluer approximativement à 160 millions d'hommes, le russe à 115 millions, l'allemand à 60, le français, parlé par 50 millions d'hommes environ, ne tient guère, de pair avec l'espagnol, que le quatrième rang parmi les langues européennes. Sans doute, notre langue a encore un rôle enviable à quelques égards. Elle reste dans certains pays la langue de la bonne société, elle est la langue des chancelleries et celle des savants. Elle a même remporté, ces temps derniers, quelques succès remarquables. La Conférence interparlementaire, — qui compte des représentants de la plupart des parlements européens unis pour rechercher les moyens de substituer l'arbitrage à l'emploi des armes dans les différends entre nations, — a décidé, dans sa dernière session, de faire choix d'une langue officielle, et c'est le français qu'elle a adopté. Autre victoire : le congrès des médecins de l'Europe, après avoir éprouvé à Buda-Pest les inconvénients de l'emploi simultané de plusieurs langues, a également fait choix du français, sans que nos voisins d'outre-Rhin aient même hasardé une protestation.

Mais ce sont là surtout succès d'estime. Dans bien des pays, l'usage du français tend plutôt à diminuer qu'à s'étendre. Au point de vue commercial, l'allemand et l'anglais gagnent de toutes parts du terrain. Il y a quelques années, dans les Echelles du Levant, on n'entendait que l'arabe, le français, le sabir. Aujourd'hui, de nombreux colons allemands et italiens y ont implanté leurs idiomes. En Égypte, tout concourt à menacer notre langue, malgré les sympathies qu'elle y conserve toujours. Nous avons même perdu du terrain dans quelques grandes capitales, à Berlin, à Vienne, à Saint-Pétersbourg. En Russie, les grandes familles continuent bien à faire apprendre le français à leurs enfants ; mais il tend à perdre son rôle de langue de la conversation dans la haute société et dans les cercles, pour céder le pas au russe.

Partout enfin nos rivaux, Anglais, Allemands, Italiens, s'efforcent d'étendre l'usage de leur langue à nos dépens. Et, dans cette œuvre, partout l'initiative privée seconde activement les Gouvernements. C'est ainsi qu'en Italie vient de se constituer la Société « Dante Alighieri », qui a calqué son organisation sur l'Alliance française. L'Allemagne a, de même, son « Allgemeine deutsche Schulverein »; l'Autriche, l' « Edinost »; l'Angleterre, ses missions, si riches et si entreprenantes. Partout la lutte est ardente, et partout notre langue est en péril.

Vous le voyez, Messieurs, si nous n'y prenons garde, notre belle langue est exposée à voir son domaine se restreindre de plus en plus, au détriment de notre influence, — car les langues, si elles sont le véhicule des idées, le sont aussi des intérêts. Il n'est donc pas suffisant que le français soit la langue des diplomates et des savants, une sorte de langue aristocratique, à l'usage de privilégiés. Réduite à ce rôle, — rôle qu'avait le latin au moyen âge, — elle ne tarderait pas à aller allonger la liste funèbre des langues mortes. Il faut qu'elle soit la langue des vivants, la langue des affaires, la langue du grand nombre, pour ne pas être, quelque jour, noyée sous le flot toujours grossissant des *Deutsch* et des *English*.

Mais, dit-on parfois, puisque à la diffusion de notre langue se rattachent de si graves intérêts nationaux, n'est-ce pas à l'État qu'incombe le soin d'en favoriser l'essor par la fondation d'écoles ? Sans doute, c'est le rôle de l'État d'organiser un enseignement public dans nos colonies comme dans la métropole; cette tâche s'impose, et il y a lieu de penser que le Gouvernement n'y faillira pas. Mais l'État, si sollicité de partout, a tant à faire ! Il y a tout profit à ce que l'initiative privée le seconde. D'ailleurs, si les pouvoirs publics peuvent beaucoup dans nos colonies, l'action du Gouvernement ne peut que difficilement s'exercer dans la plupart des pays étrangers... Combien, sur ce terrain, le concours de l'Alliance, indépendante grâce à son caractère de société privée, et libre de ses actes, pourra être utile au pays! En voulez-vous un exemple ? Si, sans porter trop loin vos regards, vous jetez un coup d'œil derrière le blanc rideau des Vosges, dans ces provinces auxquelles nous pensons toujours sans en parler souvent, et où un rude vainqueur fait à notre langue une guerre impitoyable, ne sentez-vous pas, Messieurs, combien l'intervention discrète d'une association comme la nôtre pourra être efficace, non seulement pour défendre la culture française, mais encore pour entretenir les sympathies et réchauffer les cœurs ?...

Je sais, Messieurs, que je défends ici une cause déjà gagnée ! mais, — et vous devinez ma conclusion, — je voudrais obtenir de vous plus qu'une adhésion platonique. Le Comité que vous serez appelés à nommer tout à l'heure peut sans doute beaucoup pour le succès de notre chère Alliance; mais c'est surtout par l'action individuelle que notre association grandira. Il n'y a pas de propagande plus fructueuse que celle d'ami à ami. Enrôlez, Messieurs, ceux qui n'attendent qu'un mot de vous pour adhérer à notre œuvre ; persuadez les indifférents, pourchassez les récalcitrants. C'est à ce rôle que je me permets de vous convier, et, comme je connais vos sympathies pour l'Alliance, j'ai bon espoir que cet appel ne restera pas sans écho.

L'ALLIANCE FRANÇAISE SE PROPOSE :

1° Dans nos colonies et dans les pays de protectorat, — de faire connaître et aimer notre langue, car c'est là un des meilleurs moyens de conquérir les indigènes, de faciliter avec eux les relations sociales et les rapports commerciaux ;

2° Partout ailleurs, d'entrer en relations : avec les groupes de Français établis à l'étranger, afin de maintenir parmi eux le culte de la langue nationale ; — avec les amis de la langue et de la littérature françaises, quels que soient leur race, leur nationalité et leur culte, afin de resserrer les liens de sympathie littéraire et morale qui unissent la France aux autres peuples.

Les principaux moyens d'action de l'Alliance française sont : la fondation d'écoles; des subventions à celles qui existent déjà ; — l'introduction de cours de français dans les écoles qui en sont dépourvues ; — l'envoi de livres français aux bibliothèques des écoles, des cercles français ou amis de la France, etc.

L'Alliance française fait **appel aux hommes de bonne volonté de tous les partis, de toutes les opinions, à tous ceux qui aiment la France et qui veulent contribuer, par la propagation de sa langue, à l'extension de son influence dans le monde.**

ADHÉSIONS

On devient :

Sociétaire annuel en versant une cotisation d'au moins.........	6 fr.
Sociétaire perpétuel en versant............................	180 fr.
Sociétaire fondateur en versant............................	500 fr.
Sociétaire bienfaiteur en versant...........................	1.000 fr.

Tout sociétaire a droit au « service du Bulletin ».

Pour adhérer à l'ALLIANCE FRANÇAISE, s'adresser à l'un des membres du Comité de Tours.

Tours, imp. Deslis Frères, 6, rue Gambetta.

BIBLIOTHEQUE NATIONALE DE FRANCE - PARIS

Tout usage public de reproductions de documents conservés
à la Bibliothèque nationale de France est soumis à l'obtention
d'une autorisation préalable et à l'acquittement d'une redevance.

Ainsi chaque usage public des documents reproduits
sur cette microforme doit faire l'objet d'une déclaration
à l'aide du formulaire disponible auprès du service reproduction.

BIBLIOTHEQUE NATIONALE DE FRANCE - PARIS

MIRE ISO N° 1
AFNOR 92049 PARIS LA DÉFENSE

Date : Août 2002   **SERVICE REPRODUCTION**

CPSIA information can be obtained
at www.ICGtesting.com
Printed in the USA
LVHW021331280523
748233LV00043B/443